LIMITI
di Vincenzo Bordoni

Collana *Stand-up comedy*, 1

Ordini o informazioni: info@burno.it
Correzione bozze: Gabriella Vajano
Progetto Grafico della Copertina: Sebastiano Barcaroli
Service Grafico: Valeria Morelli

Stampato tramite Tespi srl
nel mese di marzo 2022

Burno Edizioni
è un marchio in esclusiva di Solone srl
via Aversana, 8 – 84025 Eboli (SA)

www.burno.it
instagram.com/burno_edizioni
#burno_edizioni

VKLABE

Vincenzo Bordoni

LIMITI

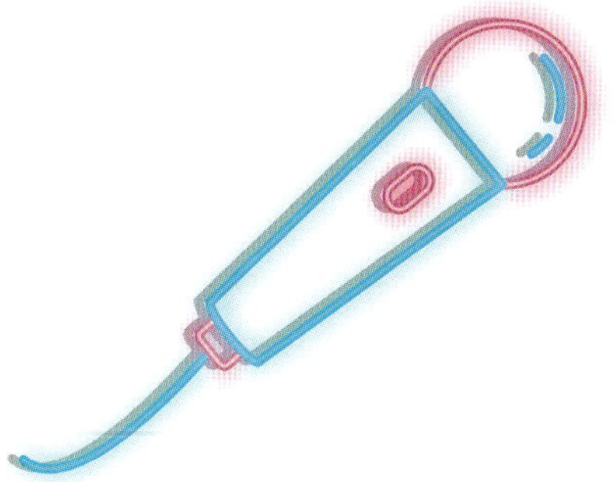

BURNO

INTRODUZIONE

Cos'è la *stand-up comedy*?

Andare dall'analista, ma è lui che ti paga per sentire i tuoi problemi?

Sì.

L'enorme insieme dove, all'interno, convivono Louis C.K., Beppe Grillo, George Carlin ed Enrico Brignano?

Anche.

«HA DETTO BRIGNANO, PORTIAMOLO AL ROGO».

«EEEEH, la vera stand-up comedy è di questo *stand-up comedian* che mi piace tanto».

Domandate a venti persone quali, per loro, sono artisti *veri*, e vi daranno i nomi degli artisti che piacciono a *loro*.

Domandate a venti *stand-up comedian* quali, per loro, sono *stand-upper veri*, e vi daranno i nomi degli stand-upper che piacciono a *loro*.

Bella forza del cazzo.

Spesso parliamo di stand-up senza conoscere nulla, e non parlo di conoscenza da Wikipedia, conoscenza accademica, quando è nata dove *bla bla*, frega un cazzo... Parlo proprio di conoscenza dell'Arte teatrale, della quale la stand-up è una branca.

LIMITI

Stand-up comedy è l'identificativo che potremmo osare, e io oso, definire *estetico*, della percezione con il quale esperiamo un tipo di rappresentazione teatrale.

La stand-up, la scrittura teatrale dietro la stand-up, come tutta l'arte, non si basa a livello estetico sul cosa, ma sul come.

Noi in Italia, per motivi legati a una abitudine e a un retaggio culturale performativo che trae origine (almeno quella attuale) dalla commedia dell'arte, siamo portati ad avere un tipo di percezione, rispetto il teatro, che è data da un presupposto: la sicurezza della quarta parete, la vera sicurezza...

Certo, a livello prettamente tecnico la quarta parete si rompe quando interagisci in un qualsiasi modo con il pubblico; anche una sola occhiata, tornando alla commedia dell'arte, di pulcinella verso la platea, è un bucare la quarta parete, ma... Nel momento in cui sto recitando di recitare, è come se ci fosse sempre una pellicola tra te e me...

Nella stand-up comedy, a livello percettivo, hai davanti una persona, non una maschera... Non esiste quella pellicola, lui sta parlando a voi, ed è una persona, come voi.

È chiaro che stai guardando una performance attoriale, è ovvio che ciò che sta dicendo è scrittura teatrale, è ovvio, ma non è percepibile, in quel momento.

Il solo fatto di trovarsi a tu per tu con una persona, ti fa sentire giudicato profondamente da ciò che l'attore sta dicendo... ti ci incazzi... quello che a una maschera puoi far passare, a lui non fai passare.

Ed è per quello che la satira è spesso utilizzata come scrittura teatrale per gli stand-uppisti.

E ora una piccola parentesi: la stand-up è satira?

No, ed è una cosa che dovete ficcarvela bene nel cervello...

I WILL FINISH
I WILL FINISH
I WILL FINISH
I WILL FINISH
I WILL FINISH
I WILL FINISH

LIMITI

Senza entrare nel dettaglio, *satira* è una forma di *scrittura* teatrale, quindi certo, puoi scrivere un testo satirico per un attore di stand-up, una performance di stand-up può avere della satira all'interno, anche sparsa, ma *non* sono la stessa cosa, l'una NON implica l'altra, se ti piace la satira all'interno di una performance di stand-up comedy, bella pe' te (e per me, anche io l'adoro), ma *non* è indispensabile.

Sarebbe come a dire che zafferano e risotto sono la stessa cosa... Lo sono? No.

Certo, può piacerti *di gusto* molto più il risotto allo zafferano che gli altri tipi, o forse puoi pensare che lo zafferano sia troppo forte, sempre per i tuoi gusti, ma andare a mangiare un risotto da un amico che te lo fa con i frutti di mare, e a fine pasto dirgli: «Fai schifo a cucinare, non sai fare il risotto, dentro non ho sentito neanche un po' di zafferano», non è da cultori del risotto, è da idioti.

Così, a futura memoria.

Ora, una piccola postilla sulla "bontà" di una battuta per i sommelier di stocazzo che possono leccarmi il sottopalla (con delicatezza).

Partiamo da lontano, prima cosa, da voi, da voi spettatori, dal vostro modo di percepire una battuta.

Sovente le persone pensano che una battuta sia profonda o acuta perché il soggetto della stessa tocca argomenti definiti di solito *aulici*, riguardante la cosiddetta cerchia "culturale"... Ebbene, questa è una delle puttanate più grandi che vi possano aver detto... Io adoro parlare di sesso, sperma, mischiando *black humor* con *blue comedy*, perché è da sempre il tipo di scrittura più detestata da chi ha la puzza sotto il naso e da chi è frustrato.

Vi faccio un veloce esempio, prendiamo 'na battuta random: «C'è un filo conduttore che lega Hitler, Trump e la statistica... Tutti e tre pensano che i negri siano stupidi», è evidente che tra chi ride c'è anche chi se ne intende di statistica, ma molti possono essersi sentiti offesi, possono ritenere questa battuta, una "brutta battuta"... Bene.

Una battuta del tipo: «C'è un filo conduttore che lega Attila, Nerone e Salvini... Tutti e tre han sempre pensato che Roma si sposi bene con le fiamme», magari vi sarebbe piaciuta di più, in quel caso avrebbero probabilmente riso le persone che se la sentono calda con la storia, e avrei potuto chiamare lo spettacolo *Stand-up history*.

E se avessi detto: «C'è un filo conduttore che lega Nietzsche, Heidegger e Hitler... Tutti e tre pensavano che i baffi compensassero il cazzetto», magari qualcuno di voi avrebbe riso, e avrei potuto chiamare lo spettacolo *Stand-up philosophy*.

Se avessi detto: «C'è un filo conduttore che lega Caravaggio, Da Vinci e Balthus... Tutti e tre pensavano che i bambini fossero degli ottimi recipienti per contenere sperma», magari avremmo parlato di *Stand-up art*.

Ma tecnicamente, a livello retorico, si tratta sempre, *sempre*, della stessa identica battuta.

Il cercare argomenti che soddisfino il nostro "volersi sentire acculturati" oppure "diversi" oppure "*underground*" oppure "un po' il cazzo che volete", a livello di soggetto, è un nostro enorme limite che rischia di rovinarci il godimento estetico, ma questo vale per ogni tipo di arte.

Volete un esempio?

Siete atei o comunque non credete nel Dio cristiano? Sì? E per caso vi piace Caravaggio? E come mai? Non disegna per caso solo Madonne e Gesucristi?

IL COME E IL COSA

E ora parlo a voi, che vi incazzate per ogni battuta che non rientri nel vostro schema morale: ricordatevi che la battuta è un aforisma. E che:

L'aforisma è una mezza verità, o una verità e mezza. Cit. Karl Kraus.

Le citazioni servono alle persone deboli per circuire persone deboli. Cit. Vincenzo Bordoni.

Un po' di figa qui?
Non fa più ridere, da un po'.

O forse sì.

Quando si è sul palco, non stai creando un *vlog*, non stai a spiegare, ormai con gli *influencer* che sono tutti opinionisti del lunedì mattina, che dicono la loro spiegando altrimenti "le persone poverine sono idiote se non polarizzi e non tagli tutto con l'accetta non sono contenti".

Cristo per nulla santo, il contesto è teatrale, è artistico, nessuno va da un regista a dirgli: «Hei, ma quello stupro? Non si stupra! Tu accetti l'idea dello stupro!».

Abbiamo questa errata percezione che un'opera d'arte debba essere spiegata, ma col cazzo, tu ascolti la performance, ti piace? Ok, non ti piace? Ok, ma non devo giustificarmi né spiegare una beata mazza di ciò che ho detto, *sul palco*.

Avete bisogno della spiegazione, non perché vi interessa, ma per giustificare una cosa che vi ha infastidito, sta morendo pian piano la frizione che hai guardando o esperendo un'opera d'arte, il *goderne*, anche male, anche incazzandosi, anche schifandosi, ma goderne.

Poi, in separata sede, se ci becchiamo e mi domandi qualcosa, ti anche rispondo, parliamo, se mi dovesse andare (molto importante, non è dovuto, lasciate che gli altri piagnoni vi dicano: «Amici miei venite e abbracciamoci», persone che darebbero la madre per venti euro, ma comunque), ci sta, la domanda e la chiacchiera, io la adoro in determinati contesti.

Per dire, questo libro è esattamente questo, io che spiego il motivo delle mie battute e le relativizzo rispetto al *cosa* e il *come* le ho fatte.

Ma non lo farò mai sul palco, non è il contesto.

E infine, per voi, sedicenti futuri stand-up comedian, diffidate da chiunque vi dia la soluzione per diventare stand-upper, di chi vi dice: «Be', cominciate con cinque minuti, dovete far tre battute ogni venti secondi, dovete *bla bla*».

Cazzate.

Lo studio dell'estetica, anche nella stand-up c'è, e sì, ci sono degli aiuti, e bisogna conoscerli, per un tuo studio interno, per le tue prove, *ma* non è la soluzione, non esiste *La* soluzione, non stai preparando un dolce, stai preparando il cazzo che vuoi.

Persone che vi daranno un'immagine della stand-up da artisti, che non guardano oltre ciò che piace a loro, ed è un qualcosa che può essere interessante, ma solo se contestualizzata e non presa come "mantra".

Anche se per voi è il miglior stand-up comedian o artista dell'universo.

Leonardo: «Le proporzioni dell'essere umano sono queste, non puoi dipingerle senza rispettarle».

Picasso: «*Bitch, who*?».

Poi oh, continuate a pagare le persone che vi insegnano a far la *loro* stand-up comedy, e sarete tanti piccoli cloni di cloni di cloni di cloni.

IMPORTANTE

Dirò spesso "il mio", "io" ecc., perché sto parlando io, e quindi, proprio per non dare degli assunti universali, ma dei miei punti di vista, specificherò utilizzando spesso quei termini, non perché: «Me sento stocazzo», ma perché capite che è la cosa più soggettiva che leggerete.

E anche un po' perché *me sento stocazzo*.

LIM

LO SPETTACOLO

ITI

RACCONTATO

Avrete già notato (e se non lo avete fatto, ve lo faccio notare io ora), che il libro è suddiviso in due, nelle pagine a sinistra avete il testo dello spettacolo duro e crudo, nelle pagine di destra invece, avete il "racconto dell'autore", il mio punto di vista. Un po' come un film con i suoi contenuti speciali, a sinistra c'è il film, da leggere anche tutto insieme, e a destra quei contenuti speciali dove c'è il regista, o gli attori, che commentano il film.

Ci siamo capiti, dai che siete persone acute, voi. <3

1

Di più, di più di, più, vai vai vai continuate, ragazzi, vai, dai dai dai che ci divertiamo dai, dai...

Dai dai dai dai dai dai dai, oh...

Oooh... dai, bravissimi, continuate, oooh, grandi.

Non ho mai ricevuto un applauso così, da vestito, incredibile.

2

Be', dopo tanto tempo abbiamo pensato di far vedere lo spettacolo anche a mia nonna.

Ed è per quello che oggi siamo qui, a Milano, vicino al cimitero monumentale.

Voi direte: «Ma siete già venuti qui a Milano», vero.

Ma mia nonna due anni fa era ancora viva.

O almeno, lo era per l'INPS.

Non biasimatemi, quando ho visto quanto prendeva di pensione, ho comprato un freezer veramente enorme.

Mi sono divertito ma è durato poco, è durato poco.

1

Allora, cominciamo.

Questo che state leggendo è il mio inizio per questo spettacolo.

Sul palco c'è solamente uno sgabello, l'asta con il microfono e un leggio (dove sopra posiziono il mio spettacolo completo, che personalmente conosco già inizialmente a memoria, e che utilizzo soprattutto come oggetto scenico).

Entro dentro con un bicchiere e la prima cosa che faccio è fomentare l'applauso iniziale, facendolo arrivare al massimo livello.

Mentre continua l'applauso, quando sta per scendere di volume, pronuncio la prima battuta, per rompere il ghiaccio e far entrare sia me che il pubblico nel *mood*.

2

Questa prima piccola narrazione su mia nonna, la dico in ogni città, facendo ricadere la stessa narrazione nella città in cui mi trovo.

Penso che sia molto importante avvicinarsi al pubblico, far capire che si è vicini a loro, e di certo cominciare una narrazione ponendo la città dove avviene questo "qualcosa", nella città dove ci si trova, inizia a creare dell'empatia con molte delle persone che ti sono davanti.

Questa prima battuta ha all'interno una retorica che io tendo a *performare* spesso, ciò che io chiamo *racconto vorticoso*, cioè partire con una narrazione e arrivare a una *finta conclusione*, cioè una conclusione fittizia, una conclusione che ha al suo interno una battuta che per molti già può essere violenta, ma io rincaro la dose, con un nuovo indirizzo, cambiando la prospettiva, cercando di arrivare sempre oltre il "limite" sociale.

È un gioco retorico che adoro, molto céliniano, che a volte può essere esagerato, ma è quello che amo, una narrazione che finisce nell'oscurità.

3

Mi presento, mi chiamo Vincenzo Bordoni e sono una brava persona, se escludete...

Me.

Dopo anni di stand-up comedy in giro per l'Italia, ho pensato di parlare di un argomento che mi sta veramente molto molto a cuore, l'argomento dei LIMITI.

Ovviamente non parlo di Paolo Limiti.

Il famoso gerarca nazista della Luftwaffe.

Morto suicida.

Di cancro, dopo il processo di Norimberga.

Ma dei LIMITI che ognuno di noi ha, ognuno di noi dà, anche alle altre persone, LIMITI che spesso possono creare un dualismo.

Per dire, alcuni di voi mi conosceranno per dei video che faccio sull'Arte, ma se doveste chiedermi: «Vincenzo,
potresti dirci un filo conduttore che possa legare che ne so...
Da Vinci, Caravaggio e Balthus».

Da una parte potrei parlarvi dello stile pittorico, del rosso, finanche dei pittori fiamminghi, ma dall'altra...
Potrei dirvi che tutti e tre pensavano che i bambini fossero degli ottimi recipienti per lo sperma.

3

La prima battuta è volutamente abbastanza violenta, perché ci sono persone che probabilmente mi conoscono, altre persone sono state portate a vedere il mio spettacolo inconsapevoli di ciò che avrebbero visto e ascoltato, e preferisco entrare prima con un qualcosa di molto forte, per dare una cifra.

Quindi ora, parto con il piccolo, classico racconto e presentazione su cosa faccio nella vita, dapprima creando una crasi tra realtà e narrazione surreale, facendo un gioco di parole con il titolo del mio spettacolo, che si sposta diventando sempre più surreale, terminando con il "morto suicida, di cancro" (e qui aspetto qualche secondo prima di ricominciare, perché la battuta ti arriva dal nulla e devi farla decantare per poter realizzarla completamente).

Poi continuo a parlare dei limiti, arrivando a completare la mia presentazione con i miei due lavori, i macroinsiemi "autore satirico" e "critico/mercato/etc dell'Arte".

Perché, però, parlo di Arte? Perché sto giustificando, nel cervello di chi mi sta di fronte, le porcate che dirò dopo, ma a livello inconscio.

Perché le persone non hanno idea di cosa sia l'intelletto, e lo legano sempre e solo alla cultura di una persona, quindi semplicemente ho srotolato il cazzo della cultura su uno degli argomenti principi dove le persone sbrodolano, cioè la coscienza dell'arte.

Finendo per ricollegarmi al dualismo, anzi, alla moltitudine di universi che vivono all'interno di ognuno di noi, facendo esempi su artisti che evidentemente erano, per diversi motivi, persone che avevano diversi fili di congiunzione, che noi possiamo grossolanamente suddividere in artistico (accettato da noi, esseri umani che vivono nel terzo millennio) e "morale" (spesso, un pelino meno accettato).

Questo ovviamente non perché io soffro di personalità multiple, tranquilli, io non soffro di personalità multiple.

Io sì.

Ed è per quello che ho deciso di avere ogni tipo di relazione sociale, senza alcun tipo di LIMITE.

LIMITE morale, LIMITE etico, assolutamente, per dire.

Ho lasciato la mia ultima ragazza, perché tornando a casa una sera, l'ho trovata che stava scopando...

Con il mio migliore amico.
Cioè io torno a casa una sera, e trovo la mia ragazza che sta scopando, con il mio migliore amico.

Non sapevo le piacessero i cani.

Mi ha detto che basta un po' di burro d'arachide sulla figa e il resto è fatto.

No, è inutile che mi guardi così, sul cazzo non funziona.

Me l'hanno detto.

Non era per quello, anzi ero proprio io che la filmavo mentre il cane le leccava il burro d'arachide dalla figa, sdraiata sul pavimento di casa mia.

4

Battuta sulle personalità multiple, molto orgoglioso.

A questo punto, prendo il titolo dello spettacolo, e cerco di relativizzarlo, connettendolo, con i miei primi racconti

La struttura dei miei spettacoli per ora tende sempre a seguire un piccolo *pattern*, cioè inizialmente mi sfogo con dei racconti zozzi, eroticamente molto spinti, cose che non vuoi sentirti dire, segreti erotico⁄sessuali che noi tutti abbiamo, per poi, alla fine, virare più su temi sociali, ed è un qualcosa che puoi fare solamente a teatro, perché l'ultima parte posiziona anche la prima, nelle giuste caselle, ciò che dico alla fine mette una nuova luce sui primi racconti, che inizialmente puoi reputare in un certo modo, e alla fine, se unisci tutto lo spettacolo, tendono a uscirne in maniera diversa.

Rispetto a questi racconti, personalmente tendo sempre ad alzare, o ad abbassare chi lo sa, il livello dei termini, utilizzare dei racconti che possono in una certa maniera essere credibili, giocare con il *limite* della credibilità, ma facendo rimanere sempre dentro di te la domanda: «Ma ciò che sta dicendo, è vero o non vero? È avvenuto o non avvenuto?».

Sono in soldoni narrazioni di miei presunti rapporti erotici, passati, con determinate persone.

Questi racconti aiutano anche me nella costruzione della narrazione totale, unendo le battute che mi son venute in mente durante gli anni, con cose che mi sono accadute, cose che non mi sono accadute, racconti di amici, o anche semplicemente dei pensieri che mi fanno ridere.

Ovviamente ne parlerò sempre in prima persona, perché questi argomenti, queste storie, diventano più potenti e creano ancora più empatia con il pubblico, se il personaggio al quale capitano sono io.

Sono due mesi che è sdraiata sul pavimento di casa mia...

La colpa è sua.
Due mesi fa mi ha detto: «Vincenzo voglio fare tutto ciò che vuoi. Vincenzo voglio esaudire ogni tuo più recondito desiderio sessuale».

Non è colpa mia se sono un necrofilo.

Piccola parentesi sulla necrofilia, vi posso assicurare che è difficilissimo trovare persone morte con cui scopare, quindi diciamo...

Ho dovuto ripiegare, nel farmi le seghette...

Davanti ai profili commemorativi di Facebook.

Ogni tanto le mando anche un cazzo in chat: «Fai lo screen ora, troia».

Devi avere le spalle larghe, il pubblico tende ad avere schifo di me, della mia persona, non mi compatisce, e io non cerco compassione, ne parlo come se fossero le cose più canoniche dell'universo, e questo è essenziale nel mio tipo di retorica.

Quindi abbiamo la prima narrazione che parla di una mia ragazza con cui mi sono lasciato ultimamente (sempre meglio utilizzare: poco tempo fa, ieri, ultimamente, un tempo molto vicino), e gioco con i motivi per i quali mi sono allontanato da lei, importante per la prima battuta mettere molta enfasi sulla mia incredulità nell'entrare e vedere lei che scopa con il "mio migliore amico".

Fun fact: sì, tempo fa una mia amica mi disse del burro d'arachide sulla figa, parlando con me e altri amici, confessò di farsi leccare la figa dal cane, mettendoci sopra il burro d'arachide, il resto è una mia costruzione mentale.

Tornando al *racconto vorticoso*, continuo con lei sdraiata da due settimane, presupponendo una sua morte, e poi contestualizzo la sua morte dandole un motivo, facendomi passare per necrofilo e assassino.

Creo un link veloce con i profili commemorativi di Facebook (mi han sempre fatto sorridere), contestualizzando l'invio delle *dickpic* (che io adoro, se si sta giocando e si sta flirtando facendo del sano *sexting*), ma come se il piacere fosse il "solo invio" e la sicurezza di non venir scoperto nell'averlo fatto.

Importante far comprendere che il mostro sono sempre io, non altri, ma io.

5

Comunque…

Non era neanche per questo, l'ho lasciata perché era una di quelle ragazze, alle quali non piace fare i pompini, non so se le conoscete.

Ooooh.

Quelle che dan due leccat-

«Ooooh», ho sentito qui, «ooooh».

Cazzo, non me ne parlare, mia madre niente. <– Io che faccio il verso.

Quelle che ti danno due leccatine e poi fanno: «C'è di meglio».

Vedi una carbonara qui intorno?

C'è di meglio? Io quando ti offro il mio pene te lo devi mettere tutto quanto in gola, voglio sentire le palle che ti sbattono sul mento, ok?

C'è di meglio.

È difficilissimo, cioè, io adoro le ragazze che si sbattono il cazzo in faccia, ok?

Però, non puoi conoscere una persona, cioè, per dire…

Tu.
Ciao.

5

A questo punto dello spettacolo, suppongo di aver preso una bella confidenza con il pubblico, quindi aggiungo un ulteriore step partendo dalla narrazione precedente, ma appena noto che c'è la prima persona che aumenta il tono della voce, ridendo, o esclamando qualcosa, la prendo subito al volo, per collegarmi con loro, connettermi facendo crollare definitivamente la quarta parete.

È essenziale connettersi con il pubblico, ed è la cosa più bella di questo lavoro.

Se scherzi con una persona, le altre avranno la percezione di sentirsi salve, in quel momento, quindi più portate emotivamente a divertirsi, risata di sfogo, un po' come quando il prof interroga qualcuno e non sceglie te, ti senti sollevato, rilassato e spesso pieno di euforia.

Taglio però un po' corto, perché ho coscienza del fatto che a breve arriverò a parlare con loro.

A questo punto dello spettacolo, ho già una bella inquadratura di chi mi sta di fronte, ho visto le prime file, ho notato chi ride, chi no, le coppie, i gruppi di amici, tutto.

Parto parlando di un argomento non così tabù, di pompini, se ne parla spesso e i comici tendono a fare sempre battute, un po' veloci, un po' delicate, spesso autoironiche e alla fine si passa avanti, difficilmente si va a interagire con una persona del pubblico.

Difficilmente.

Ma poi ci sono io <3.

La creazione della narrazione quando ci si confronta con il pubblico è sempre molto randomica, personalmente ho uno script di fondo da seguire, ma dallo script le variazioni sono infinite, e dipende da chi hai davanti.

Ciao.

Ciao, come ti chiami.

Elisa.

Elisa, di dove sei?

Di-dove-sei, Milano? Grande

Ti sbatti il cazzo in faccia?

Non –

Chiedilo a lui.

Cosa? Perdonami? Chiedilo a lui?

Ok, chiedo a lui.

Quanti cazzi riesci a tenere in gola?

Qui lo script è semplice: il concetto è la "difficoltà nell'avere una risposta, rispetto qualcosa che ti piace a livello erotico, quando questo qualcosa è visto dalla società in maniera molto intima".

Puoi domandare al pubblico se ama i telefilm, meno facile domandare se adora un cazzo sbattuto in faccia. In questo specifico caso, lei ha risposto con un: «Chiedilo a lui», che apre una miriade di altre opzioni, che potevo cavalcare o sceglier di terminare.

Ovviamente lei lo ha domandato come per dire "dovresti chiedere a lui, è il mio ragazzo, lo saprà lui come li faccio", ma in questo momento mi è venuto in mente di girare il concetto verso il "ah, lui è più esperto" quindi: «Quanti cazzi riesci a tenere in gola?», semplice.

6

È molto complicato comunque, è per quello che mi sono iscritto su tantissimi gruppi Facebook legati al Parkinson.
Però.
L'ho trovata ultimamente una ragazza che si sbatteva il cazzo in faccia, era veramente bellissima, aveva dei capelli biondi, con le treccine, gli occhi azzurri, si sbatteva il cazzo in faccia con delicatezza, era magnifica.

Era un'asiatica, oddio, pensavo fosse asiatica finché non mi ha regalato un disegno con i pastelli...
Poi è passato il tutor e l'ha riportata in comunità.

Ora capisco perché li chiamano ragazzi speciali.
Be', le potevi dire di tutto, ma di certo non lesinava in saliva, questo...

6

A questo punto è un po' di tempo che parlo di qualcosa di accettato a livello morale, il pompino, spingendolo verso un punto di vista erotico particolare, "lo sbattersi il cazzo in faccia", ed è a questo punto che sposto ancora di più il limite, salendo due gradini: il primo, parlando di Parkinson, tornando al "dal momento in cui è problematico trovare persone che si sbattono il cazzo in faccia, senza domandarlo, allora meglio ingegnarsi per trovare queste persone", proponendo una soluzione.

Il secondo gradino, è il subentro di un nuovo argomento, qualcosa di assolutamente fuori da ogni contesto moralmente accettato di perculo, cioè i down, sempre visti a livello di "poveri fiorellini di campo".

Non continuerò a ripetere il motivo per il quale non mi faccio problemi a scherzare su ogni cosa e persona, anzi, ne parlerò, ma più avanti...

Ah, ovviamente questo racconto è esclusivamente per far storcere il naso a chi mi sta ascoltando, non sono ancora mai stato con una persona down, che io ricordi.

7

Sulla sua scrivania aveva un santino di Madre Teresa di Calcutta, che per me è un po' come avere la foto di Asmodeo, una cosa del genere.
Non so se voi, piccola parentesi, non so se voi conoscete quel format di Youtube soprattutto, chiamato *la Bombi o la Passi*.
Per chi non lo conoscesse, sarebbe un format dove ti passano davanti delle foto di ragazze.
E tu fingi che ce ne sia qualcuna che non ti scoperesti, praticamente.
Questo è il format.
L'ho fatto anche io, mi è passata davanti la foto di Madre Teresa di Calcutta, ci ho riflettuto un po' e poi ho pensato.

Però...
La bombo cazzo, cioè.
Chissà che pompini celestiali che faceva 'sta donna.
Con un pochino di burro di cacao sulle labbra, non so se avete visto le foto, è sempre molto screpolata.

È vero.

Con un pochino di burro di cacao sulle labbra, non so se avete visto le foto, è sempre molto screpolata.
L'esperto: «È vero, cazzo, è sempre, molto...»

Mi dicono sempre che io odio, detesto, la odio Madre Teresa di Calcutta, io non capisco perché me lo dicano, cioè, con tutto quello che ha fatto.

Come faccio a odiarla? Dai...
Ha ammazzato più cristiani lei che l'ISIS alla fine...

7

E niente, sappiate che detesto i miti, gli eroi, le persone che vengono osannate senza macchia e senza paura, pensate che una volta mi è saltata una scopata perché ho preso per culo Beyoncé davanti a una sua nazi-fan, definendo la sua canzone *All the single ladies* un inno al patriarcato, che "se non mi sposi allora non mi avrai", e lei non l'ha presa benissimo.

Su Madre Teresa poi, sempre stato schifato, penso che fosse realmente una bestia, quindi la sua foto come Asmodeo mi sembrava l'immagine perfetta

Pensare poi a lei che fa i pompini, un quadro degno di Bosch, una smitizzazione anche estetica a livello canonico, e mi ci metto sempre io di mezzo, smitizzo la sua icona, facendoti immaginare lei mentre succhia un cazzo, con quelle labbra screpolate poi, che schifo.

8

Un'altra volta in cui ho incontrato il LIMITE, è stato quando ho conosciuto una ragazza su Instagram.

Capita che magari le ragazze ti contattino su Instagram.
Non a voi, però se sei figo, capita, che ragazze ti contattino su Instagram.
"Perché non usciamo?". Ok, vado a vedere il suo profilo, carina, vedo le sue stories e noto che era incinta e ho pensato:
Dai cazzo...
Dai cazzo.
Dai cazzo!
Quanto deve essere elettrizzante, scopare una persona...
Che ha al suo interno, un'altra persona.
Cioè te stai a scopa' 'na matrioska praticamente... Accetto.

Usciamo, andiamo a casa sua, ci spogliamo, io mi giro per prendere il preservativo, lei mi fa:
«No Vincenzo, voglio sentirti carnalmente, voglio sentirti senza preservativo, senza niente ok?».

E dato che quando una ragazza ha le proprie voglie bisogna assecondarla...
Me l'ha detto Adinolfi, quindi...
Comincio a scoparla violentemente a pecora e dopo un po'...

Ma se scopando una ragazza incinta...
Dovessi penetrare anche il feto...
Sarebbe pedofilia?

8

Continuo poi con un altro tabù, il sesso incinta, non solamente a livello *semplice*, ma immagino una storia che ha una fine molto *cronenberghiano* (famo finta di sì, dai).

Molte persone fanno sesso con ragazze incinte, quindi tocca qualcuno del pubblico, magari altri hanno questo piacere erotico, ma l'importante è sempre arrivare ancora più in fondo, scavare ancora un po' nella melma.

Fino ad arrivare al prendere di mira i feti, altro tabù nella comicità canonica: non si fanno battute sui feti, ed eccomi qui.

Sapete, esistono battute che vengono approvate, altre no, e i motivi sono tanti, io adoro prendere gli argomenti che le persone han paura a portare su di un palco, a sviscerare, voglio che tu in quel momento sia più schifato che altro, ma che poi torni a casa pensando: "Hei, ma aspetta, ripensandoci...".

Diciamoci la verità, se faccio una battuta prendendo di mira Salvini, so già che tutti rideranno, se la faccio con il feto, so che tantissime persone la prenderanno molto a male, e i miei spettacoli non sono un "farsi i pompini a vicenda".

Adoro creare delle immagini nella mente di chi mi sta ascoltando, immagini che ti perseguiteranno per tutta la vita... no vabbè, ma comunque sì.

Arrivo a inserire la pedofilia, l'immagine di una persona che penetra donna e feto insieme inizialmente è stata forte anche per me, ma mi faceva ridere, è surreale, schifosa, quasi grottesca.

No.

Allora non so cosa cazzo voglia il suo avvocato ancora ora...
Anche perché ammetto che un pochino mi è piaciuto, ok?
E mi sono preoccupato.
Però fortunatamente dopo qualche mese è nata una femminuccia quindi *fiuuu.*

Pedofilo sì, ma frocio raga'... frocio proprio...

Provo ad avere il controllo di questo momento, però, gettando su di me un dubbio stupido, cioè l'essere gay per aver penetrato un feto maschietto, che, se ci pensate, è davvero un "non" problema rispetto al contesto, ma può esserlo per molte persone, perché, per dire, per la cristianità, va bene la pedofilia ma non l'essere froci, anche queste sono scelte.

9

Dopo di lei conosco un'altra ragazza, conosco una ragazza che aveva un seno enorme, però noi maschietti lo sappiamo, non sappiamo mai com'è il seno di una ragazza, finché non lo vediamo, finché non si spoglia.
È sempre dietro il reggiseno, dietro queste mura incredibili.
E non sai mai se è duro, granitico...
Oppure se è soffice, come pan di Spagna...
Oppure, quei seni, schifosi, che calano, oltre le ginocchia.
Quelli che quando la prendi a pecora, applaudono, ok?
Non sai mai come sono, io le chiamo "le tette di Schrödinger".

Non lo sai, va be', andiamo a casa mia, lei si spoglia, io mi spoglio, lei aveva un bel seno, veramente enorme e mi fa:
«Vincenzo, voglio farti una spagnola».
«Perfetto, ma poi io ti faccio un'africana».

Quindi prima si struscia il mio cazzo in mezzo alle tette.

Poi io le taglio il clitoride e le cucio la figa.

Ooooh.

Ho superato il LIMITE?
Forse?
A nessuno, tranquilli, a nessuno piace l'infibulazione... Come faccio a saperlo?
L'avete mai vista tra le categorie di Pornhub? Dai...

9

A questo punto, per terminare, prendo due argomenti, entrambi tabù per due motivi diversi, il primo, è l'inconsapevolezza del "come sono delle tette", ma stessa cosa si può dire dei peni, o di ciò che è coperto inizialmente, durante una conoscenza.

Il secondo, è la stupidaggine nel definire un termine per un gioco erotico con il nome di una nazione, come se una nazione o un continente definisse un qualcosa, e dal nulla parlo di infibulazione.

Perché esiste ragazzi, e le persone si incazzano con me per questa battuta, mica perché esiste, magnifici.

Ragazzi, ognuno di noi ha i propri segreti, io dopo circa venti anni di agonismo sono arrivato a pesare, anni fa, circa 130 kg, avevo tantissimi profili su Facebook, *fake*, con i quali contattavo persone.
Contattavo maschi, femmine, indistintamente, perché volevo vedere come loro si rapportassero a me, in relazione a come io mi fossi rapportato, la prima volta ovviamente, con loro.
Perché, sapere che le persone fingono, è un conto.
Guardarlo, tastarlo, assaporarlo, è veramente un'altra cosa, per dire: una volta contatto una ragazza e le dico: «Salve, piacere di conoscerti sono uno studente squattrinato». rRisposta. «Mi dispiace sono fidanzata».
Vado a vedere il profilo, era veramente fidanzata.
Stessa ragazza, qualche tempo dopo: «Salve, sono un manager di gruppi metal molto famoso». Risposta: «La mia vagina è a sua disposizione, messere».
Tutti fingiamo, siamo tutti dei pezzi di merda, ma soprattutto siamo tutti quanti degli zozzoni.

Quanti di voi guardano porno? Alzate le mani.
Ah bene, vedo persone che alzano le mani.
E vedo anche un sacco di bugiardi.
Ho visto un ragazzo che ha fatto:
«C'è mia nonna qui di fianco».
«Lei pensava fossi solo per lei, e invece no».

Avete mai visto le visualizzazioni, il numero delle visualizzazioni dei video porno?
Sono milioni.
Avete mai visto le categorie?
Va be', domanda retorica se ce n'è una...

10

Piccola rivelazione, ho avuto un passato tormentato <3.

Sono però conscio di entrare in empatia con le persone, quindi a questo punto chiedo di alzare le mani su una mia domanda, anche se già so che ci saranno persone che le alzeranno e persone che non le alzeranno, quindi la battuta successiva è abbastanza programmata.

11

C’è una ragazza che si definiva sapiosessuale ultimamente, io pensavo fosse una...

Ah, i sapiosessuali, per chi non lo sapesse, sarebbero delle persone che hanno dell’eccitazione sessuale per l’intelligenza di qualche altra persona.

Sapiosessuali in sala?

Che non si stiano masturbando per la mia presenza in questo momento?

Sapiosessuale, io pensavo fosse una cazzata, però effettivamente, una sera torno a casa...

E la trovo a masturbarsi davanti a un video porno di Stephen Hawking.

Chi ha ordinato la pizza co’l würstel .
Chissà come dice *würstel* Stephen Hawking.

Buchi neri... va be’...

‘Na cazzata...

Sapiosessuali.

Lo sapete perché non esiste la categoria “sapiosessualità”?

Perché nessuno si scoperebbe Margherita Hack, ok?
Soprattutto ora che è morta.

11

E finalmente, si entra nell'argomento sapiosessualità.

Il mio pensiero è semplice, e riprende un qualcosa che vi dissi precedentemente, cioè, spesso la sapiosessualità viene confusa con altro, con il fascino del modo in cui una persona ostenta la sua cultura, il fascino nel parlare; diciamo la verità, se vedessi un obeso pelato sudato che legge Schiller, non ti farebbe sangue, è che ti piace vedere un bel ragazzo che legge perché è un bel ragazzo, non sai se non sta capendo una mazza, non sai nulla di ciò che accade, è una narrazione che ti fai nel cervello, spesso per sentirti "speciale".

P.S. Non lo sei.

Ed è quindi per me un ottimo argomento per parlare dell'ipocrisia del bisogno sessuale, dai cazzo, abbiamo bisogno di far sesso, è un bisogno primario, ma fingiamo che non lo sia, e troviamo motivi per giustificarcelo.

Che poi, l'Intelletto è sempre stato considerato il QI di una persona, e di certo Hawking ha un alto QI, ma nessuno si masturba ascoltandolo, perché appunto non è quello che ti piace, non è l'intelligenza.

Tendo quindi a essere molto descrittivo, mentre parlo di questa evidente ipocrisia.

Neanche nel mio periodo di necrofilia mi sarei mai scopato Margherita Hack, siamo degli ipocriti.

Dobbiamo creare dei termini perché siamo degli ipocriti, perché?

Perché la società cosa ci dice?

Sei stupido, sei stupida, sei grossolano, sei grossolana.

Se vuoi scopare qualcuno solamente per la bellezza, vero?

Sei stupida sei grossolano, se vuoi scopare qualcuno solamente per i soldi.

Sei stupido sei grossolano se vuoi scopare qualcuno solamente per la popolarità.

Eppure è strano, siamo degli ipocriti, cioè pensate, come potrebbe mai esistere la sapiosessualità.

Come potrebbe mai esistere, che ne so, un uomo.

Etero, sapiosessuale, dai...

S'ammazzerebbe di pippe tutta la vita.

Questa, ve la lascio arrivare tranquillamente, ma vi assicuro che è la miglior battuta misogina che ascolterete in vita vostra.

Infine, faccio una battuta misogina, ma che mi fa tanto ridere perché, a mia memoria, non ho mai ascoltato un uomo dire d'essere sapiosessuale, certo, la mia esperienza non fa statistica, non esiste il *tutto* e il *nessuno*, ma è abbastanza *curioso*, non trovate?

12

Andando in giro per l'Italia, per le città italiane, ogni volta che vado in qualche città, mi piace vedere le categorie porno più ricercate, nella regione dove sono.

Perché ogni tanto ci sono delle cose veramente magnifiche, per dire, sono andato ad Ancona.

E pare che la categoria porno più ricercata dai maschietti, pare.

Che sia "transgender".

Che non ha bisogno neanche di una battuta, ma anche una non battuta potrebbe essere una battuta, come direbbe John Cage.

John Cage...

Ora domandami ancora perché faccio solo battute su merda e sperma.

12

Comincio a entrare ora molto più nell'argomento "erotismo", è un mio punto cardine, un mio pallino, adoro parlarne.

Verità è l'aver controllato in ogni regione italiana, perché tutti guardano porno, le persone mentono sui loro desideri sessuali e si nota dalle categorie, e la prima battuta è per far notare quanto le persone mentono, non penso che se andiate nelle Marche, la maggior parte delle persone che guardano porno vi dicano *certo, guardo i trans*, ipocrisia, appunto.

E alla fine lego il tutto a un argomento che mi sta a cuore, cioè il concetto "chi ti sta davanti", scindendolo in due argomenti, il primo, è che spesso le persone hanno una percezione della *bontà* di una battuta, del suo livello, mettendolo sul piano della sua ermeneutica: in pratica, se io faccio una battuta su Caravaggio o Nietzsche, la battuta viene percepita immediatamente *di un certo livello*, tutte cazzate.

Il secondo, è che se una persona non capisce una battuta, «be', allora è stupido lui», altra cazzata, non siete più acculturati se fate battute su Schifano o su Klimt, su Kant o Céline, col cazzo che lo siete, siete persone che conoscono quegli argomenti, e magari inseriscono queste persone su una struttura demmerda, e la persona che davanti a te non sta ridendo, non è perché non capisce la battuta, ma semplicemente perché fate cagare

Ovvio che se un macellaio facesse uno spettacolo tutto sulla macelleta, voi non capireste un cazzo, è perché siete stupidi? No, semplicemente non conoscete l'argomento.

Ma anche questo possiamo relativizzarlo, perché comunque se io andassi a far uno spettacolo davanti al pubblico di Brignano, forse si scandalizzerebbero e alla fine lo spettacolo potrebbe non essere di loro gusto e ci sta, ognuno ha il suo, schifare un comico perché non piace a te è di un paraculo raro, ma non sto qui a spiegarvi cosa sia l'estetica, seguitemi su altri libri, e che cazzo... Comunque la stand up comedy, come tutte le arti, è un misto di estetica ed ermeneutica.

Ed è qui che faccio la battuta su John Cage, sul suo brano *4'33"*, che è un brano dove per quattro minuti e trentatré secondi si sta in silenzio, un concetto altissimo dell'arte tutta, in questo caso della musica come suono o anche non suono, silenzio come estetica, ma poi giro e poi prendo per culo il pubblico e me, dicendo «ora ditemi perché faccio battute su merda e sperma», lo sapete perché? Perché è trasversale, puoi anche metterci dei piccoli sprazzi pseudoculturali, ma se le persone non ridono, ripeto, non è colpa loro, neanche tua, semplicemente state parlando in due universi differenti, stacci.

13

Un'altra volta, vado a Napoli, e –

Ora non dire, non lo sa neanche lui chi cazzo è John Cage, lascia perdere, toccati il cazzo come stavi a fa' fino a mo...

Un'altra volta vado a Napoli, cerco su Pornhub le categorie porno più ricercate a Napoli e pare che, sia per i maschietti che per le femminucce, la categoria porno più ricercata, sia:
"Italian".

E un pochino mi è sembrato strano, però poi ho ragionato ed effettivamente...
Per loro "Italian" è un po' come per noi "Asian", quindi eff-

Questa è cattiva.

Questa è cattiva? Di dove sei, tu?
Di dove?
Non lo sai neanche ripetere perché proprio non ce la fai a dirlo.

Tunisia.

Tunisia?
Ma capisci quello che sto dicendo?

No, per niente.

Va be', hai pagato?

Sì, certo.

Sta apposto, frega 'n cazzo, vai tranquillo.

Poi sono venuto qui a Torino.
E qui a Torino, sono andato a cercare sopra a Pornhub e pare che la categoria porno più ricercata dai maschietti qui pare che sia: "MILF".

13

Riparto con una battuta sempre relativa all'erotismo alle ricerche di Pornhub, riguardo Napoli, e deriva dal fatto che ho spesso sentito un'appartenenza, da parte di alcuni partenopei, a Napoli, più che all'Italia, come se si sentisse facente parte quasi di un'altra nazione, da qui la battuta.

Mentre ne parlo, una persona mi dice: «Questa è cattiva», e mi illumino per un secondo, solo per scambiare con lui due parole, ho già detto che adoro parlare col pubblico?

Tendo a prendere ogni cosa che mi lanciano per rimanere in contatto con loro.

In questo caso, ho preso un tunisino, rispondendo a ciò che mi diceva con un certo distacco, perché il distacco fa ridere, ti potrebbe forse anche un minimo rodere il culo, ma te lo fa rodere perché senti una base di realtà (solamente per la differenza in quel momento, l'essere umano sul palco, e sotto il palco).

Ultima battuta, prendo sempre la città in cui mi trovo, come dicevo inizialmente, empatia con il pubblico, utilizzando le due categorie "MILF" e "double penetration", esclusivamente perché le ho trovate molto carine da unire

Ed effettivamente...
Conoscendo le mamme di molti di voi posso assicurare che...

Invece, la categoria porno più ricercata dalle femminucce pare che sia:
"Double penetration".

Ed effettivamente...
Conoscendo...
Le mamme di molti di voi, posso... Posso assicurare che ci può stare.

14

Una volta una ragazza mi ha detto che la eccitava tantissimo il battito cardiaco.

Pensava di essere sbagliata, pensava di essere strana.

Invece poi è andata su internet e ha trovato tantissime altre persone a cui eccitava il battito cardiaco.

Non è un problema, se vi piace qualcosa ragazzi, non è mai un problema, qualsiasi cosa, se tu senti un qualcosa, se esiste un qualcosa, è naturale.

Se qualcosa non esiste, è innaturale, ok?

Tipo Dio, tipo...

14

Si torna sempre sull'erotismo, con un argomento che amo, cioè la differenza di piaceri erotico/sessuali, e il peso che si ha nel doverli nascondere.

Perché la canonicità sociale ci uccide, ci opprime, vogliamo risultare "normali" e la cosa ci elimina come esseri umani.

La prima storia che racconto è un fatto vero, che mi ha davvero aperto una parte del cervello, la normalità e la naturalità di qualsiasi cosa che venga chiamata *perversione*, ma finché esiste il consenso, esiste la possibilità e la libertà di poter fare qualsiasi cosa.

Non fatevi mai fregare con il "non è naturale", cazzata, se esiste è naturale, non fatevi mai fregare con il "non è naturale", cazzata.

Quindi battuta su Dio, che, non esistendo, è evidentemente non naturale.

<3

Racconto un aneddoto che è successo proprio qui a Milano qualche giorno fa, io vengo sempre prima nelle città dove facciamo gli spettacoli per la SIAE, per un sacco di cazzi.
Ed ho conosciuto una ragazza, la sera, andiamo a mangiare qualcosa fuori, parliamo e parliamo ovviamente di tante cose, tra cui anche dei nostri desideri sessuali.

E lei fa: «A me piacerebbe tanto tanto, cioè a me piace tanto, mentalmente, ok? Concettualmente una cosa, che non ho mai fatto in vita mia, una cosa molto particolare».

E io le ho detto: «Dai, dimmelo tranquillamente». E lei: «Guarda, è una pratica sessuale veramente, veramente particolare, che risponde al nome di *felching*».

Qualcuno di voi conosce il felching?

Alzano la mano

Un esperto direi.
Hai alzato con un po' di tristezza nel cuore.

Perché è simile al mio soprannome, quindi...

Maestra? Potrebbe aprirsi un caso, qui.
Scusa, com'è il tuo soprannome?

Fecchi.

Fecchi? Sei fortunatissimo.

Per chi non conoscesse il felching, a parte lui – ma come... Una cosa eh...
Cioè il fatto che il tuo soprannome sia simile a *felching*, è un conto...
Il fatto che tu sappia cosa sia, è un'altra cosa, perché non è che si.... Capito.

15

La storia che racconto in questo momento, è totalmente inventata.

È una leggenda, composta da una parte di realtà, che sarebbe il dover andare, per sbrigare le cosine della SIAE, qualche giorno prima in ogni città dove mi esibisco, e lo sanno tutti, mi seguono su Instagram, lo dico, quindi per loro è reale, quindi diventa credibile il fatto che possa essermi visto con qualcuno, e da lì in poi, è tutto completamente inventato.

Come già detto, ma lo ripeterò sempre, le persone empatizzano molto di più quando la tua storia è accaduta "poco tempo fa" e "qui in città".

Riguardo al fulcro del discorso, cioè il *felching*, be'... Lo conobbi qualche anno fa, grazie al dottor antiaccademico, una pratica che non conoscevo prima, e anche in questo caso, ho ascoltato ciò che diceva il mio amico, mi sono divertito ascoltandolo e mi sono venute in quel momento, tante battute che mi sono scritto, di getto, e intorno ho costruito questa narrazione.

Essendo qualcosa di canonicamente molto greve ma poco conosciuto, domando quindi di alzare la mano perché difficilmente lo si conosce, cosciente del fatto che chi la alza, già sa in cosa ci stiamo addentrando.

Il gioco con alcuni del pubblico deriva dal fatto che in questo caso il suo soprannome pare fosse simile al nome di questa pratica, probabilmente avrei dovuto domandare quale fosse il suo nome per avere un soprannome così, ma mi è sfuggito, peccato.

Ovviamente nello scambio di battute, si prosegue verso la mamma, ma perché la mamma?

Perché noi italiani siamo così attaccati alle nostre mamme, sono la nostra maschera, la nostra scusa per sfogare le nostre frustrazioni.

Perché lo sai?
A tua madre le piace? Che fa?
Ha fatto: «È vero».
La conosciamo tutti quanti tua madre eh, cioè, lo sappiamo.
Eh?

Come fa a farlo, mia madre.

Come fa a farlo, eh, mo' ti spiego come fa a farlo tu' madre...
È incredibile di come sia più esperta di te, me lo dice sempre, ogni volta...

16

Il felching è una pratica sessuale che consiste nel-
Quando fai, sesso, vieni dentro una persona, ti pieghi e...
E bevi tutto quanto lo sperma, ora...

Sì!

Sì!
Un buongustaio abbiamo qui, eh... Sì!
Hai capito come fare senza macchiare il muro?
Lo metti in un buco, e poi... Ok?
Una, cosa?

Una condizione sessuale che è simile.

Allo sperma che... Cioè, non ho capit –
Mi state sorprendendo oggi a Milano, io pensavo che voi foste tutti quanti con il mignolino alzato, e invece...
Degli zozzoni, incredibile, mi piacete, di dove sei tu?

Io sono di Saronno.

Che cazzo stai a fa' qua?
Di Saro- do' sta Saronno?
C'è uno che ha fatto:
«Chiedimi a me che so' esperto».

Sapete, io da piccolo avevo grandissimi problemi, tra gli altri, il fatto che non sapevo come comportarmi quando altre persone cominciavano a insultare mia sorella e mia madre, i classici “la puttana di tua madre” boh, dentro di me quegli insulti in realtà non interessavano, ma sentivo come se quel contesto sociale mi ordinasse di arrabbiarmi, come se avessi dovuto difendere un qualche onore che, ragazzi, non esiste. Mi sento toccato, velatamente, solo dalle parole delle persone alle quali do un peso, il resto è aria.

16

In questa parte spiego il felching, e come sempre noto un senso di schifo generale.

In questo caso una persona dice qualcosa ad alta voce, e io come sempre *tac*, lo prendo e mi aggancio subito per interagire con lui.

Tu sei di Roma e... (parole incomprensibili).

Tu sei un coglione, però.

Parole incomprensibili.

Eh, sei un coglione però, cioè, va be'.

Dopo avervi detto cosa è, quindi, una cosa che a lui piace, cioè, sborrare in una persona e – no, come no, il cazzo, mo' ti piace zio.

Non me ne frega un cazzo, stasera lo fai a qualcuno, lo fai a te stesso, tu' madre, tu' zia, non me ne frega niente, tu' padre secondo me, allora.

17

Mi dice, questa ragazza appena dopo detto: «Guarda, bevi lo sperma, andiamo a mangiare qualcosa», mi sembra l'immagine adatta per...

Proprio in quel momento voleva andare a mangiare qualcosa.
Dico va be', dove mi porti, stiamo cazzo qua a Milano dico, mi porti a mangiare, risotto alla milanese, ossobuco, la cotoletta, buonissima, mi fa:
«No zi'».

Già parti male, eh.

«Te faccio magnà...
'A migliore carbonara da' vita tua».

No?
No? Perché ogni volta che vado in giro per l'Italia, la gente me deve di', appena sanno che so' di Roma...
«O zi', te faccio magna' 'a migliore carbonara da' vita tua»?

17

Ora riprendo la narrazione, ma, molto importante, in uno spettacolo teatrale puoi fare digressioni e tornare all'argomento principale perché le persone sono sedute davanti a te, non stai girando un video dove si può cambiare canale dopo trenta secondi, quindi quando scrivete uno spettacolo, prendete i vostri tempi, con calma, ma non troppa che poi fate addormentare le persone.

Comunque si diceva, riprendo con la storia e parlo di questo aneddoto sulla carbonara, offerta in altre città italiane, aneddoto avvenuto, ma questa volta in un'altra occasione molto diversa, eravamo a Perugia, e dopo uno spettacolo una persona si avvicina e ci dice: «Venite, c'è questo PUB che fa la CARBONARA e la PIZZA», io volevo morire male, ma era tardi, era tutto chiuso e son capitolato... Ah, ovviamente faceva cagare .

Non lo so, come se venisse un giapponese:
«O zi', te faccio magna' er miglior sashimi da' vita tua, c'ho du' pescetti rossi a casa che levate».
Oppure non lo so, venisse un londinese, «O zi'...
...Te faccio magna' a migliore merda da' vita tua».

Andiamo a mangiare questa carbonara e ci portano davanti questo piatto informe con le cipolle.
Con la panna.
Bestie di Satana, lo so che la fate con la panna, tanto morirete tutti, do' cazzo andate.

Malissimo, morirete tutti malissimo.
E qualcosa che non so, se fosse pancetta, pancetta affumicata, guanciale, speck, non lo so che era.

Mangiamo, era un sacco, mangiamo, quindi dopo andiamo a fare questa passeggiata, sapete no? Per digerire un po'.

Arriva il tizio con le rose, e noi:
«No no no no no no no no no no no no, siamo allergici.
...Ai negri».

Razzisti, razzisti.

Non mi sorprende.

Per la battuta iniziale ho utilizzato delle similitudini, stesso stile retorico, prima con la carbonara, poi paragone con un giapponese e poi un londinese, ma *ovvio*, non fa cagare la cucina londinese, solo che personalmente trovo che sia più complicato trovare casualmente un ristorante che faccia della buona cucina londinese a Londra, che italiana in Italia, ovviamente esperienza mia, ovviamente una battuta che riprende uno stereotipo.

P.S. Se fate la Carbonara con panna e cipolle, prima dovreste domandare a vostra nonna quanto è puttana.

Funzionale per la narrazione finale, la particolarità nel parlare di pancetta, guanciale e speck.

Finisco questa piccola parte con una battuta ovviamente razzista, che mi è venuta in mente perché in effetti quando vengono i ragazzi che vendono le rose, spesso ho sentito persone che li allontanano utilizzando la scusa dell'allergia, io l'ho solamente contestualizzata.

E qui le persone ridono, ridono sempre, quindi già so che posso dire a coloro che stanno ridendo, d'essere dei razzisti (ovviamente no, sono stereotipi, si ride anche per degli stereotipi, non vuol dire che pensi che siano cose reali, sono *cazzo* di stereotipi).

E poi arriviamo a casa, arrivati a casa cominciamo a fare, sapete, quel sesso ciccione...
Lo fanno anche le persone magre, che mangi tanto, stai con una mangi tanto, poi torni a casa:
«Eh, scopiamo».

Te metti là...
Una gamba lì...

E mentre facciamo sesso ho pensato:
Voglio dare a questa ragazza, la più bella serata della sua vita...
...Voglio farle del felching.

Quindi...

Poi lo faccio a te stasera, stai attento.

La giro, la metto a pecora.
Comincio a scoparla e comincio a pensare a qualcosa per venire altrimenti "ciao zi'".
Emily Ratajkowski, oppure non lo so...
'Na carbonara senza panna, 'na cosa del genere.
Ah sì, una carbonara senza panna, incredibile.

Le sborro dentro, mi piego, bevo tutto...

Mi ero dimenticato che glielo stavo a mette' in culo
Pancetta affumicata comunque.

18

Si riparte sempre in quest'ultima storia con il famosissimo sesso ciccione.

Il sesso ciccione è qualcosa che penso molti di noi hanno provato, non devi essere un obeso o un'obesa, ma è quando semplicemente hai tanta roba sullo stomaco, e in questo momento per me diventa funzionale il crearti questa immagine, come già detto adoro creare una narrazione fatta di immagini precise, soprattutto riempiendole di mostarda e cose grevi.

Ed è in questo momento che riprendo l'argomento principe di questa parte dello spettacolo, cioè il felching, ovviamente facendolo fare a me stesso, vi ricordate?

Io che faccio le cose schifose, ma in questo caso, giustificandomi precedentemente con un "lo faccio per lei".

Terminando con un "pancetta affumicata", e ovviamente il sapore non deriva dal mio sperma, ecco.

Sono idee, immagini, storie che ballano sulla linea del surreale, ma che cerco di far rimanere, la maggior parte delle volte, sempre al di qua del reale.

E sono sempre io il protagonista, perché, ripeto, si crea più empatia, rispetto a dire "un mio amico fa questo", fa sì che dal momento in cui racconti la storia, tu stai ridendo di un'altra persona insieme al pubblico, dire "l'ho fatta io" è urlare al pubblico:

«Dai, ridete di me, perché? Siete voi i normali? Pensate d'esserlo? Oppure state ridendo per far piacere a chi vi sta di fianco? E invece voi altri, ridiamo insieme, lo so che lo fate nel buio della vostra cameretta, e non lo direste mai».

Non so se vi interessa, ma ancora mai praticato il felching, in caso vi farò sapere.

19

Ragazzi, è incredibile quanto noi spesso non diciamo a persone che sosteniamo di amare, magari ci stiamo insieme anni, decenni.
Non diciamo mai cosa ci piace a livello erotico, a livello sessuale, perché abbiamo paura.
Abbiamo paura di essere giudicati, abbiamo paura che ci possano considerare sbagliati, diversi, strani completamente.
Persone che diciamo anche di amare, spesso, non gli diciamo mai nulla, pensateci.

Però io oggi voglio fare il *cupido* della situazione, mi serve una coppia, alzate le mani coppie in sala.
Paura eh?
Lui ha fatto: «Che faccio, alzo?».
E lei: «Sei appena diventato single, quindi puoi fare il cazzo che vuoi».
Ciao, cosa?

Buonasera.

Eh, buonasera, zi', meno eh.
Come ti chiami?

Kevin.

Kevin, che nome demm-de-bello, e lei come si chiama?

Marika.

Marika, come sei piccolina, dolcina, in un posto che... Non vorresti mai stare qui in questo momento.
Che vi piace fare a letto? Tranquilli, tanto siamo io, voi, e altre tipo quattrocentoventi persone.
Cosa vi piace fare a letto, di strano, di strano a livello sociale, di particolare, dimmi te, dimmi te.

19

Qui, uno dei più grandi tabù dell'umanità contemporanea: la libertà erotica, rispetto alla tranquillità di poterne parlare senza rompimenti di coglioni derivanti da chi ti sta intorno.

Sei ingabbiato, frustrato, ed è ovvio che alla fine esplodi quando una cosa che ti piace non è accettata dalla società, anche quando ciò che fai non fa male a nessuno, ma vi dirò di più, in caso qualcosa ti piaccia eroticamente e sessualmente che invece reca danni agli altri (assassinio di esseri umani, pedofilia, altro), fatti aiutare cazzo, non avere timore d'essere giudicato, mortacci tua.

Ma arrivando alla canonicità nel rapporto tra due o più persone, il non dire, per timore, ciò che ci piace eroticamente fare ai nostri coniugi o ragazzi o ragazze, è una follia, la follia ipocrita più estesa, quindi ovviamente ora mi serve una coppia. <3

Ma siamo verso la fine, quindi capita sovente che queste persone comincino ad avere timore nell'alzare le mani, ma senza problemi, se non dovesse capitare (per ora, mai successo), comunque sceglierei io a caso, tra quelli che ho visto più attivi.

Qui tendo a voler entrare molto più in unione con chi mi sta di fronte, chiedo sempre il nome di entrambe le persone della coppia, sempre meglio chiedere i nomi, fa diventare, per il resto del pubblico, chi ti è di fronte un essere umano, le persone empatizzano di più.

Ovviamente si gioca con ciò che loro risponderanno rispetto alle mie domande, in questo caso mi sono divertito molto perché lei subito mi ha detto: «È lui che fa' cose strane», giocando sia con me che con tutto il pubblico, ma poi ho subito riportato il tutto nella mia canonicità del discorso, lo script che avevo in mente, cioè domandare del numero di dita in culo, una pratica spesso utilizzata dai maschietti per raggiungere grandi godimenti, mi hanno detto.

Mi hanno detto davvero, prima o poi giuro che lo farò, ma ancora non sono pronto.

È lui quello strano.

È lui quello strano? Che ti fa fare, che ti fa fare?
Che cazzo ti fa fare, la prima volta che ti ha detto: «Succhiami il cazzo e mettimi un dito in culo», come è stato…
Come è stato, bello?
Non è stato bello? Guarda…

N-no… non sai che ha mangiato prima.

Come è stato? Quando ha urlato di gioia, dimmi cosa fa lui.

Non con un dito al culo, però.

Non con un dito al culo?
Due?
Tre? Buongustaio, buongustaio.
Dai, dimmi, che fa?
Oh, prima fai: «Eh eh eh», e poi: «È lui quello strano», non è che scopa da solo eh zia, cioè, con qualcuno scoperà, se scopa con te, me devi di' te che fa il tuo ragazzo eh.
Sto sputando troppo.
Che?

No, la posizione del missionario.

«Mi sborra una volta sì e una volta no sulla schiena.
Sta bene attento ai miei capelli».

Non è vero.

Cosa.

Non è vero.

«Non è vero eh, non mi sborra più, ma come ti permetti».
Non ho capito un ca – cosa hai detto.
Io non posso capire?
«Tu non puoi capire, attento ai capelli…».
Attento eh, ti giuro che non sto… Ah, perché non ho i capelli io?

Parto con il domandare se è gradevolmente colpito da un solo dito nel culo, aumentando poi fino a tre, facendo credere al resto del pubblico che in realtà lui stia facendomi capire d'essere un "dita in culo *addicted*".

Da qui in poi, adoro giocare, ma dipende sempre dalla coppia, quanti ami mi lanciano, quanto si prestano al gioco, quanta corda so che riesco a prendermi, e anche un po' di più.

Questo pezzo lo termino sempre con un "Vi amate?"

Perché da qui è semplice chiamare un applauso all'amore, che quasi giustifica tutte le cose canonicamente poco gradevoli che ho detto alla coppia in precedenza, e mi dà spazio per la battuta sul fatto che "l'amore cura tutto, tranne il cancro", la sentiamo spesso 'sta stronzata che l'amore cura tutto no?

Ecco, no.

Ma tanto a me non mi sborrano sulla schiena.

Ci stai dicendo che sotto sotto la tua ragazza c'ha un clitoride di venti centimetri?

«Ammazza oh, se tocca proprio tanto sto clito».

Vi amate?

Sì.

Oh, un applauso all'amore, ragazzi, dai.

L'amore cura tutto.

A parte il cancro, a parte il...

Provateci, non vi assicuro niente.

Comunque, ora voglio rivelarvi una cosa, un mio segreto sessuale.

Mi masturbo sulle foto di Bebe Vio.

Dai, a tutti piace quel tronchetto, ammettetelo!

Avete mai sognato di masturbarvi su Bebe Vio, eh?

Si chiama parafilia...

Avete mai sognato di farvi masturbare da Bebe Vio?

Si chiama surrealismo, ragazzi... Sarebbe bellissimo attaccargli un braccino tipo Sbrodolina.

Con un pulsante dietro.

Sembro King Kong.

Si chiama robotica, è un'altra cosa ancora.

A me sta molto simpatica Bebe Vio.

Chi non mi sta simpatico, molto, è chi le sta intorno.

Non so se avete visto, le persone che devono vendere il "prodotto", e quindi vendono una retorica, vendono la classica retorica del-

20

Oh, e qui, ragazzi…

Questo è uno degli argomenti che prediligo, ed è anche la parte che ha fatto incazzare più persone, perché il personaggio in questione è super-amato, giustamente super-amato…

Inizio facendo una confessione, con un *mio* segreto sessuale, vi ricordate? Sempre io, sempre a me, il segreto sessuale è il mio, sono io che lo penso, io ho questo piacere, ridete di me, giudicate me, per giudicare voi stessi.

E qui è molto importante che sia la performance a dare il giusto tempo per far decantare ciò che stai dicendo, per far percepire di chi si sta parlando.

Faccio vedere una sua foto enorme, ovviamente molto naturale, senza protesi e sparo un: "Mi masturbo sulle foto di Bebe Vio", pausa veloce per far realizzare e subito rincaro la dose con un paio di battute a vortice, come dicevamo all'inizio, che vanno sempre più in fondo fino alla rottura del canone sociale, perché non solo esistono persone alle quali piacciono eroticamente gli arti amputati, ma pensateci un attimo, se tu vedessi mai il fidanzato di Bebe Vio, penseresti mai al fatto che può essere un acromotofilo?

Oppure dato che sono *super-cute*, percepisci solo l'*ammore*? E perché, le due cose non possono essere unite? L'una esclude l'altra? Se ti metti insieme a una persona grassa è perché magari ti piacciono i ciccioni, magari no, ma sono *cazzi tuoi*, stessa cosa per chi si mette con una persona che non ha gli arti, e vi dico di più, pensate a Bebe Vio, il quale ragazzo o persona con la quale fa cose zozze, lei percepisce che la società lo reputerà sempre *strano*, dai, fatevi i cazzi vostri.

Successivamente però contestualizzo il tutto, il motivo per il quale sto parlando di Bebe Vio, mi piace – ogni tanto eh non sempre – contestualizzare, soprattutto quando si tratta di persone esistenti e non di concetti o persone immaginarie, e in questo caso sotto la lente del mio schifo è la retorica motivazionale che trovo davvero per gonzi, che viene cavalcata sempre e venduta quasi sempre con

"Be', è impossibile, però si può fare", avete presente no?

C'è Bebe Vio, guardate, Bebe Vio, è riuscita a vincere, una medaglia d'oro, essendo anche disabile, alle Olimpiadi.

Alle Para... limpiadi, l'ultima volta che ho controllato erano tutti disabili.

Ha fatto qualcosa di grandioso a livello sportivo, assolutamente grandioso, ma non ha fatto una cosa "impossibile".

Ha fatto qualcosa di... Possibile.

È uscito anche un suo libro ultimamente, intitolato:

Se sembra impossibile allora si può fare. Hai proprio ragione Bebe.

Dammi il cinque...

Volere è volere, potere è potere e sono due cose diverse, non è che se vuoi tantissimo una cosa, poi puoi farla, ok?

È evidente che lui, anche se volesse tantissimo essere uno scienziato del MIT, non potrebbe farlo.
È evidente che lei non possa mai diventare Miss Universo, è evidente.
È evidente che anche io, non potrei mai fare il "rasta", cioè, è evidente che mi manca, non so se si nota, mi manca...

Un tumore al cervello.

persone che hanno delle menomazioni fisiche, sapete, Bebe Vio ormai è un'azienda, e in questo pezzo la tratto da tale.

Pensare che sia una semplice ragazza che è tanto simpatica e basta, è essere, appunto, degli ingenui, lei, come tutti gli influencer chi più chi meno, vende la propria immagine, per vendere libri, per vendere comparsate, e lo fa spargendo sogni.

La retorica della *possibilità dell'impossibile* è una cazzata, esistono cose possibili e cose impossibili, in mezzo c'è una *valanga* di grigio, e tu, come essere umano, potrai fare solo ciò che sei in grado di fare, il resto sono sogni, e la vendita di sogni a me fa ribrezzo.

Bebe Vio è una campionessa paralimpica, come tante altre, è una campionessa del suo sport, una campionessa che ha vinto una medaglia olimpica alle Paralimpiadi, quindi il massimo grado di bravura rispetto, ripeto, al suo sport, e lo sottolineo con una battuta.

Esaltare le persone per le loro disabilità è porli in una situazione di differenza rispetto agli altri, non è normalizzarli, è ghettizzarli, li differenzia da ciò che per voi normodotati siamo *noi*, la retorica del "hanno superpoteri", "sono troppo superiori", è come dire al down della classe "come sei dolce", è un modo per giustificare il fatto che *tu* ti senti di stare meglio, quindi devi compensare questo dislivello con i complimenti gratuiti, certo che è una parte dell'emotività umana che ci fa muovere in questa direzione, ma è solamente per il nostro egoismo che li trattiamo in questa maniera

Fun fact: Sapete, alla fine di uno spettacolo a Bologna, un signore mi raggiunse con il figlio e mi domandò perché avessi fatto battute anche sui disabili, neri, donne, uomini, trans, cinesi, ebrei o altro, e le cassassi perché "be', su di loro non si fa", io li starei semplicemente discriminando, e NON VOGLIO, io tratto tutti gli esseri umani alla stessa maniera, perché siamo tutti diversi tra di noi, non sei

diverso perché hai la pelle nera o non hai un braccio o sei alto un metro o altro, siamo tutti individui singoli e diversi singolarmente, e per questo siamo tutti uguali nell'essere dei piccoli universi coperti da una valanga di merda.

Se ti percepisco come me, ti tratto come me, il resto è fuffa.

Tornando a noi, quindi prendo per il culo questa retorica celebrata dal libro suo, chiamato *Se sembra impossibile si può fare*, e come lo faccio? Con semplicità, cioè mi piego in avanti e alzo bene la mano chiedendo un semplicissimo "cinque", per far vedere che *no*, non puoi fare qualcosa se è realmente impossibile e utilizzare questa retorica per vendere 3 libri in più. Perdonatemi se non mi piace.

Infine definisco precisamente la differenza essenziale tra volere e potere.

E ci collego una battuta che è semplicemente una presa per il culo a chi ha i rasta, niente di complesso, ha solamente un forte *twist* finale.

Adoro i twist finali.

21

Volere è volere e potere è potere, però mi piace molto come si comporta, mi piace quello che fa sui social, mi piace ciò che dice, mi piace il suo menefreghismo, le foto che mette, è sempre molto contenta, non la conosco poi dal vivo in realtà.

È molto, sempre, autoironica.

La trovo umanamente, anche se non la conosco, molto, molto figa, però penso: Non è semplice?

Noi ridiamo *con lei*, perché ridiamo *di lei*.
Noi ridiamo *con lei* perché empatizziamo con il fatto che per noi sia diversa.
Noi ridiamo con lei, perché, diciamoci la verità.

Perché ci fa pena.

È brutto sentirselo dire, però è facile.
È facile prendere per culo i disabili, quando sei disabile.

È facile prendere per culo i negri, quando sei negro.
È facile prendere per culo gli ebrei, quando sei ebreo.

È facile prendere per culo i fascisti quando sei dei 5 stelle.
È facile prendere per culo i 5 stelle quando sei disabile, è facile.

Molto più difficile è prendere per culo qualcuno, che rientra in una ghettizzazione sociale, se non ne fai parte.

21

Qui oltre a sottolineare il fatto che non ho nulla contro la persona, devio su un altro argomento ancora, cioè quell'idiotissimo "tu non puoi parlare di un argomento X, se canonicamente non sei visto dalla società all'interno di X", argomento del cazzo, incredibilmente fascista, che taglia il mondo con l'accetta, che è di un supponente raro, che definisce il mondo in cui oggi le persone ascoltano gli argomenti; ormai non frega un cazzo a nessuno quanto detto, il concetto che porti avanti viene relativizzato a chi lo dice, una stronzata di un raro...

Dal tronco di questo argomento faccio poi partire un ramo, che finisce con una rivelazione di pulcinella, cioè il fatto che noi giustifichiamo ciò che dice, le battute che fa, e ci divertiamo a vederla, solamente perché è lei, perché è diversa, ed è proprio in questo modo che la sto trattando da *diversa*.

E personalmente non ci trovo niente di divertente o complicato o di eroico, prendere per culo una minoranza, se la società ti ci vede come parte di essa, e da qui esce il turbine di battute, partendo con una ripetizione di questo concetto, cambiando gli addendi, e termino paragonando i disabili ai 5 stelle, ma tipo già ora avrei detto "della Lega", questa è una classica battuta che varia di soggetto a seconda del periodo.

Per esempio i negri.
Se non sei negro non puoi dire a un altro negro d'essere negro, solo i negri possono dire ad altri negri di essere negri, ma perché?

Soprattutto quale è il LIMITE?

Dove, cioè, quando, boh...

A quale Pantone posso dire a un negro di essere negro, qual è il LIMITE dell'ipocrisia, quando?

Ditemi un termine più razzista di *di colore*.

Di che colore?

Giallo?

Viola? Verde? Blu? Arancione?

Dici "quel ragazzo di colore" e tutti quanti pensano "ah, il negro".

È un po' come se in questo momento io sbattessi il mignolino, oppure mi cadesse il succo al mirtillo...

E urlassi "Porco zio".

Nessuno qui in sala penserebbe a mio zio, ok?

22

Parlo ora specificatamente della ghettizzazione sociale, come dicevo prima se ci dividiamo, se accettiamo l'idea che esistono gruppi diversi di persone che devono essere protetti – come i pellerossa che vengono chiusi nelle riserve – stiamo urlando al mondo che siamo fattualmente divisi, fattualmente diversi.

Un termine ormai bannato ovunque è *negro* e qui lo utilizzo ripetendolo per diverse volte, la frase è variabile e può essere più o meno lunga, dipende dal *flow* che ho in quel momento.

E poi ritorna il *fil rouge* di tutto lo spettacolo, il concetto di LIMITE. Penso che lo spettacolo debba essere molto legato al suo titolo in qualche modo, il titolo di un'opera d'arte dà una delle chiavi di lettura più intense all'opera, quindi non lo butterei via...

Così discuto sul limite di quando si parla del classico "non puoi dire questo se non sei tipo nero". Allora quando potrei dirlo? Il limite è dato dal colore? Se sono un nero ricco che vive in Zambia e non ha mai ricevuto un insulto per il proprio colore, posso utilizzarlo? E chi lo stabilisce? Facciamo il processo alle intenzioni? Facciamo la satira morale?

Ma andate a cagare.

Quindi sottolineo quanto sia ipocrita cambiare un termine, per dire, il classico *di colore*, perché comunque, anche cambiando il termine, il concetto rimane.

Siamo degli ipocriti, e questo che accade fa si che si possano creare anche dei pregiudizi stereotipati.

È capitato anche a me una volta a Roma, a San Lorenzo, incontro un gruppo di persone con una ragazza, che conoscevo, comunque sia…

Sapete, quelle dei centri sociali, quelle de “me sveglio presto la mattina perché devo combattere contro il sistema cioè zi’, dovemo rompe tutto quanto”, secondo me fai bene a combatte’ contro il sistema e a svegliarte presto la mattina.

Ma prima di usci’ di casa, cinque minuti, un investimento per una doccia non sarebbe male.

Che mi fa: «Cioè, a zi’, ma tu sembri veramente ‘n fascio zi’.
Cioè, sei rasato c’hai la barba, sembri ‘n fascio zi’, ti vesti sempre di nero cioè, sembri veramente ‘n fascio».
Io le ho detto: «Visto? Questi sono pregiudizi stereotipati».

È un po’ come:
Dato che tu stai insieme a quel bel negrone africano… eh.

Vuol di’ che te piace… eh.

L’AIDS.

Qui poi narro una piccola storia di pregiudizio stereotipato con twist finale, una storia che ha come fulcro un ping-pong di pregiudizi stereotipati, che arrivano da una persona che, canonicamente, si fregia di non averne.

Ovviamente tutto sembra che finisca con la lezioncina “l’abito non fa il monaco”, ma in realtà termina con una battuta razzista, dal retrogusto coloniale

No seriamente, non cambia, il succo non cambia, tutti abbiamo stereotipi nel nostro cervello, abbiamo un’esperienza quindi ovviamente ce li siamo creati anche inconsciamente, ma basarsi su quelli ovviamente è stupido.

Sono pregiudizi stereotipati.
Siamo degli ipocriti, soprattutto con i termini.

Che problemi abbiamo con le parole, con i termini?

Dovete dirmi per quale motivo, ogni termine associabile a una parte del nostro corpo che ci produce piacere è una parolaccia.

Cazzo.
Fregna.
Bucio di culo, per lui, per dire.
Zinne, perché? Per quale motivo.

Voi direte: «Bah, puoi anche dirlo in un'altra maniera», perfetto, la prossima volta che ne so, andrai a un colloquio di lavoro, e alla domanda: «Cosa ti piace nella vita?».

Invece di rispondere: «Viaggiare», rispondi...
«La vulva», provaci.

Che problemi abbiamo, con il piacere, che non possiamo mai parlarne?
È incredibile, se parli tanto tanto tanto tanto di arte "sei *un esteta*".

Se parli tanto tanto tanto tanto di cucina, "*uhm, mastro culinario*".

Se parli tanto tanto tanto tanto di sesso...

23

Da qui si parte per un altro concetto, le *parole vietate*, che io detesto, ma non solo vietate quasi ufficialmente, dico anche ufficiosamente.

Negro è vietata ufficialmente, *cazzo* ufficiosamente.

E faccio notare quanto, ogni parola che si riferisce a una parte del corpo che produce piacere, sia vietata, perché abbiamo un evidente problema con il sesso.

Tanto che, l'unico tema per cui se ne sei un grande cultore e amante sei visto come un maniaco, è il sesso, tutti gli altri vanno bene.

Sei un porco... Perché? Che problemi abbiamo con il piacere?
Abbiamo problemi così grandi, che il piacere lo utilizziamo anche come arma, avrete visto ultimamente – “ultimamente” due anni fa, ma sta proseguendo – il gioco che hanno fatto in America: Trova il molestatore più popolare.
Persone che sono state... Che hanno accettato un invito a uscire, che hanno accettato un invito a bere qualcosa, a mangiare qualcosa, hanno accettato l’invito a salire in camera d’hotel, che hanno accettato l’invito a baciarsi, che hanno accettato l’invito a spogliarsi...
E si sorprendono.
Se si sono ritrovate con un cazzo in gola.

Per esempio, Louis C.K., chi di voi conosce Louis C.K.?
Per chi non lo conoscesse, è uno stand-up comedian americano.
E dopo un suo spettacolo di stand-up comedy, domanda a due ragazze: «Andiamo a bere qualcosa?»
«Certo».
«Chiacchieriamo?»
«Certo».
«Volete venire da me sul mio attico di questo hotel?»
«Certo».
«Chiacchieriamo ancora?»
«Certo».
«Mi piacerebbe masturbarmi davanti a voi, posso farlo?»
«Certo».
«Sborro verso di là, perché c’è il pubblico».
«È stato un piacere conoscervi».
«Piacere nostro».

24

Questo passaggio suppongo possa esser visto come il più controverso, è un argomento enorme, un argomento davvero caldo.

Ma a me piace prenderlo da un punto di vista particolere, cioè *bypassando* la scelta del "lui cattivo/lui buono", perché appunto, noi non conosciamo nulla, parliamo per sentito dire, tramite il nostro *cherrypicking* e perché siamo dei cazzo di frustrati e dobbiamo sfogarci in qualche modo.

Ma il concetto principale che è fuoriuscito a mio parere è: è possibile che una condotta erotico/sessuale possa essere il motivo per il cui il pubblico impazzisce? Presupponendo che, ripeto, *tu non sai un cazzo*?

Cristo sì, da sempre, alle persone interessa solo quello.

Ricordiamo Berlusconi, che negli anni del suo monopolio politico fece *La merda*, per cosa lo giudicano dopo trent'anni?

Perché ha giustamente scopato male una diciassettenne, addirittura al netto del reato di prostituzione, che non ha interessato nessuno, le persone hanno solamente giudicato il divario di età, e, diciamocelo, perché lui è un nano cesso a pedali e lei una ragazza canonicamente attraente.

In America poi è diventato usuale accusare chiunque dal nulla, e non sarebbe neanche un problema, figuratevi, se le accuse sociali venissero anche accompagnate dalle denunce.

Cristodiddio. Ragazzi, ragazze o altro, dovete SEMPRE DENUNCIARE quando siete vittima di qualsiasi abuso, SEMPRE.

Perché certo, se lo dite sui social avete questi quindici minuti di celebrità, ma non avete risolto un cazzo.

Invece se denunciate, a parte che dal mio punto di vista è molto più credibile il tutto, ma poi fermate qualcuno che potrebbe farlo ad altre persone, che cazzo, e annamo su, denunciare un maiale perché ti molesta, non è solo lecito, è doveroso...

Denunciato.

Oppure, Aziz Ansari.

Un altro stand-up comedian.
Quante curiose coincidenze.
Che esce con questa ragazza, va a mangiare qualcosa, e lei è consenziente.
Va a casa sua, e lei è consenziente.
Cominciano a baciarsi, lei è consenziente.
Va a casa sua, e lei è consenziente.
Cominciano a baciarsi, lei è consenziente.
Comincia a leccarle la figa, lei è consenziente.
La lecca male, lei non è più consenziente.
E non vuole, ma non glielo dice, ma in quel momento, non vuole.
Quindi si sente violentata.
E quindi, lo denuncia.

Mi chiedo, come cazzo fate, io... Come fate a scopa' voi?
La coppia di prima, do' stanno... questi qua.
Come fate a scopa', vi siete conosciuti al buio? No?
Il primo bacio te l'ha dato sotto la firma del notaio? No?
Primo pompino? Alla presenza del suo avvocato? Non capisco.
«Sai cara, vorrei buttartelo al culo». «Sì, ma davanti al comando dei carabinieri, altrimenti non si fa niente».
No?

Solo che, dall'altro lato, gettare nello stesso calderone la persona che ci prova sul posto di lavoro (una cosa che non ho mai capito, *business is business*, provateci al di fuori del lavoro, a lavoro se fanno i sordi!) insieme alla violenza carnale, non è solo schifoso, ma anche preoccupante.

Quindi a questo punto faccio solo degli esempi di ciò che è successo ad alcune persone popolari e poi domando al pubblico, come facciano loro, in questo momento storico, a scopare, cioè, se un approccio, non fatto in un determinato modo, è giudicato una molestia; se, da una determinata persona, in un determinato momento… Me dovete spiegare come approcciate voi, fate spedire l'invito dal vostro avvocato per mail PEC?

Ovvio che esiste un grigio enorme, un grigio che è addirittura diverso per ogni persona, ciò che viene percepito molesto per una persona, non lo è per un'altra, ma in questo momento non sto facendo un vlog, già ne ho parlato di questo argomento, sapete dove trovare i miei contenuti.

Quindi chiedo a una coppia, spesso quella coinvolta prima, come si siano conosciuti, facendo emergere la relatività della percezione del fastidio o non fastidio, appunto il *grigio*.

È incredibile. È stato accusato un uomo ultimamente...
Condannato, reo di aver stretto con eccessiva forza i seni dell'amante, provocandole una "sensazione dolorosa protrattasi per un paio di giorni".
E a me sta bene.
E a me sta bene.

Sta bene nella misura in cui noi si possa fare una *class action* contro quelle che ti rigano il cazzo con i denti quando ti fanno un pompino.
È incredibile ragazzi, ma è evidente che anche nella violenza erotica, ci deve stare un LIMITE.
È evidente che se a me piace sculacciare, se mi piace schiaffeggiare, se mi piace soffocare, se mi piace...
Pisciare.
Se mi piace cagare.
Posso dire cose anche più schifose se vuoi... Lo dico?

Se mi piace guardare un comizio di Adinolfi.
No, a me Adinolfi in realtà piace, sotto sotto...
Un treno.

Non è che la prima sculacciata parto da San Basilio a dartela, siamo d'accordo.
Se non mi dici: «Scorticami le chiappe».
Ma qui siamo al livello di: «Sai si cara, sto riprendendo ma non è per un mio voyeurismo personale.
Ma è per il mio avvocato, il mio avvocato».

Poi racconto di questa condanna, per far comprendere che tutto è relativo, e accusare qualcuno in modo sommario è tornare al tempi delle forche, il popolo che va verso il mostro di Frankenstein con le torce, o cerca e caccia le streghe.

Parlo anche qui di LIMITI, riferiti alla violenza e alla relatività della violenza nei rapporti sessuali, partendo dallo schiaffo sul culo, a estremizzare questa violenza, arrivando a cose canonicamente meno gradevoli.

Lo faccio abbassando il tono e avvicinandomi pian piano a una ragazza, alla quale alla fine domando se «posso dire cose più schifose», così creo quel minimo di *phatos* prima della cazzata, o meglio, della battuta politica più che altro, in questo caso: Adinolfi.

25

Abbiamo messo nel calderone tutto, ragazzi, tutto.
Abbiamo messo nel calderone la *violenza sessuale*, insieme...
Al *fastidio*.
E non fraintendetemi, io sono la prima persona che quando esce di casa si sente molestato dal mondo, ok?
Io esco di casa e tutto mi molesta, mi sento molestato dalla vita, punto.
Tutto tutto tutto, appena esco di casa, tutto.
Parlo per me, ok? Io esco di casa e mi sento molestato visivamente.
Dalle ciccione in leggings.
Eppure le ciccione in leggings non sono delle molestatrici.

Io esco di casa e mi sento molestato, olfattivamente.
Quando prendo a Roma l'8 notturno d'estate, non so se c'è anche qui a Torino, quegli autobus che fanno le fermate tipo:
Nuova Delhi, Bangkok, Calcutta merda, e non la città.

Eppure chi non si lava, non è un molestatore.
Io mi sento molestato intellettivamente quando sento parlare Di Maio, ma Di Maio...
Ma non è un molestatore, ok?
Non esiste una frase, non esiste una frase...
Più sessista, più maschilista, più misogina, più divisiva e secondo me, anche più schifosa, di:
«Quest'essere umano non ha avuto la forza di dire di no a un'avance, e quindi va protetta, perché ha la figa», non esiste.

E io cosa devo vedere? Devo vedere l'ipocrisia che mi scopa Louis C.K.

25

Quindi termino lo spettacolo, puntualizzando il fatto che abbiamo ormai messo nel calderone tutto insieme e, come dicevo prima, cerco di relativizzare anche il termine *molestia*. Quella soggettività, quel *grigio personale* di ogni individuo.

Perché se la molestia è un *tuo* senso di disagio che viene provocato da un'altra persona, allora sì, e questo è un fatto vero, anche io mi sento molestato dal mondo.

Facendo paragoni con cose che non adoro percepire quando sono in giro per Roma, che mi creano un senso di disagio, che mi fanno sentire molestato, ma che comunque riesco a relativizzare, comprendere che non c'è del dolo nel farlo, una voglia di *farti* sentire a disagio.

Una persona cicciona pelosa sudata che prende un bus e ti si mette di fianco perché il bus è pieno e puzza come una fogna di Calcutta dopo che c'è stata Madre Teresa, ovvio che ti sta molestando più di ogni altra persona al mondo in quel momento, ma non c'è un suo dolo, quindi te lo accolli, o ti sposti, o rimani a casa.

Faccio quindi esempi molto duri, esempi che disturbano le persone: *body-shaming*, razzismo se volete, e Di Maio, ma poi termino con una giustificazione, il mio concetto puro di uguaglianza dei sessi, la volontà della "non retorica sessista" del "una persona non ha forza perché è donna", cazzo, non esiste frase più misogina.

Devo vedere l'ipocrisia che mi prende da dietro Kevin Spacey.
L'ipocrisia che dà del porco a Weinstein, giustamente, ma secondo voi, Weinstein, è più porco...
Perché ha leccato la figa ad Asia Argento, almeno a lei non costringendola, per un reciproco scambio di favori...
Oppure è più porco perché io, per questo, poi devo sentire Asia Argento che doppia se stessa? Perdonatemi...
Perché l'avete sentita Asia Argento che doppia sé stessa?
Sembra le sia rimasto il cazzo di Weinstein in gola.

Ma noi di questo abbiamo bisogno, vero?
Bisogna metterci il cappellino, la bandierina: "io sto con Weinstein, Asia Argento è cattiva, Weinstein è buono".
"Io sto con Asia Argento, Asia Argento è buona e Weinstein è cattivo", di questo abbiamo bisogno.

Non sappiamo neanche quello che cazzo pensiamo noi, leggiamo due cose, dobbiamo metterci da qualche parte e fare le lotte.
E in questo calderone ci abbiamo messo tutto, tutto.
Ci abbiamo messo dentro Bill Cosby!
Bill Cosby che ha drogato e violentato più di cinquanta donne.
Bill Cosby insieme a Kevin Spacey.
Che in una casa di Hollywood, in una festa privata a Hollywood...
Entra in una stanza da letto, trova un ragazzo, lui non sapeva che avesse quattordici anni, comunque sia questo quattordicenne lasciato lì dai genitori...
In una casa privata a Hollywood, in una festa privata a Hollywood...
E se voi doveste chiedervi: «Perché hanno lasciato lì quel ragazzino i genitori?».
Chiedete a Polański.

Quindi torno con ciò che è accaduto in America, con Kevin Spacey, Weinstein con Asia Argento, con un piccolo *petit cadeau* sul fatto che Asia Argento quando si doppia mi faccia abbastanza cagare.

E vado verso la fine, parlando del fatto che abbiamo messo in quel calderone, Kevin Spacey insieme a un violentatore di donne come Bill Cosby, che ha narcotizzato e stuprato più di cinquanta donne.

Narcotizzato e stuprato (perché sì, anche un ditalino a una donna narcotizzata è stupro, lo è anche a una donna ubriaca, lo è anche a una donna che dorme, si chiama stupro).

Ragazzi, io aborro i cappellini, il prendere una posizione preventivamente, il decidere chi ha torto o ragione per dei nostri pregiudizi, prima di conoscere un minimo qualcosa, la tifoseria da stadio, i dualismi bianco e nero, gli uno e gli zero, le polarizzazioni, tutta la merda in cui viviamo e sguazziamo.

Si è avvicinato e gli ha detto:
«Ti posso fare un pompino? No? Sta apposto».
Tutto nel calderone, tutto.

E io ragazzi, non so più cosa dire, non so più cosa rispondere alle persone perché dopo questa lotta mediatica, questo...
Far diventare persone, comunque sia, *popolari*.
Delle merde a livello sociale, solo a livello dei social, ok? Perché poi a livello pratico tutte quante queste denunce sono state fatte sui social.
Solo quella, se non sbaglio, di Bill Cosby è andata avanti, giustamente direi.

Io non so più cosa rispondere, questi miei miti d'infanzia...
Non so più cosa rispondere a una domanda che mi hanno sempre fatto.
Una volta alla domanda: «Vincenzo, ma tu cosa fai, nella vita?».
Avrei risposto: «Be', faccio quello che faceva Bill Cosby».
«Dai, faccio quello che fa Louis C.K.».
«Ma mi sarebbe piaciuto tantissimo essere Kevin Spacey».

Questo una volta...
Ma adesso...

Pure.

Grazie ragazzi

Terminando con una battuta dicendo che per colpa di queste persone io una volta avrei detto che faccio come lavoro la stessa cosa di queste persone, ma adesso...

Pure.

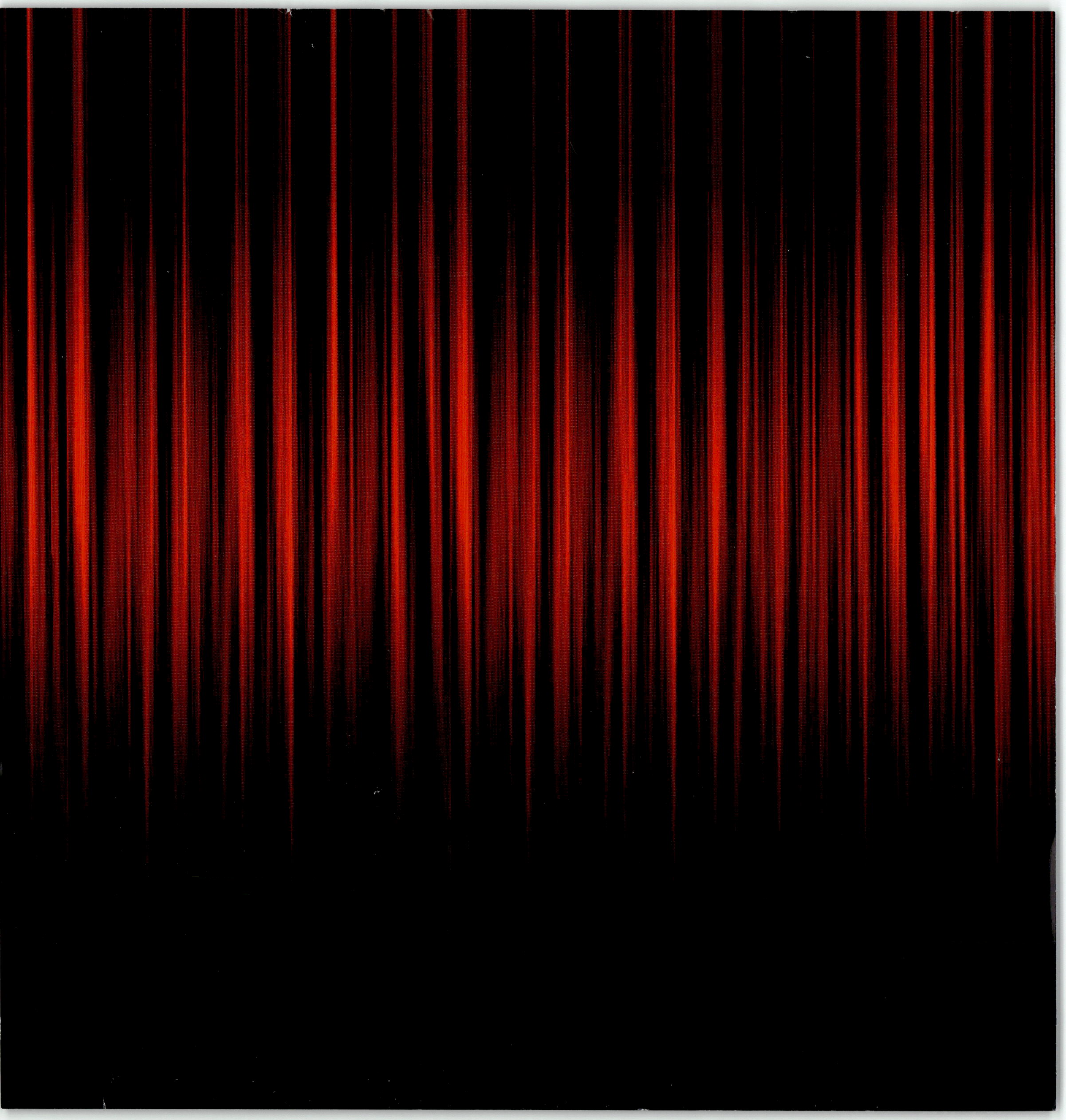